Vorwort

Herzlich willkommen und vielen Dank, dass du dieses Buch ausgewählt hast! Es freut mich sehr, dass du dich auf eine Reise voller inspirierender Zitate und kreativer Sprüche einlässt. Dieses Buch wurde mit viel Liebe zum Detail erstellt, um dich zu motivieren, zum Nachdenken anzuregen und dir ein Lächeln ins Gesicht zu zaubern.

Ich hoffe, dass die Worte auf diesen Seiten dir neue Perspektiven eröffnen, dich ermutigen und inspirieren. Lass dich von den Zitaten leiten, notiere deine Gedanken und entdecke deine eigene Kreativität.

Ein großes Dankeschön dafür, dass du dir Zeit für dieses Buch nimmst. Möge es dich begleiten und bereichern.

Inhaltsverzeichnis

Liebe...

Ein Wort, so klein, und doch mächtiger als die Stürme, die Welten zerreißen. Sie ist das Chaos, das Ordnung schafft, und die Ordnung, die in Chaos stürzt. Ein Gefühl, das uns auffrisst, heilt, zerbricht und wieder zusammensetzt – manchmal stärker, manchmal verletzlicher als zuvor.

Liebe ist keine Logik. Sie fragt nicht, ob der Zeitpunkt passt, ob die Umstände stimmen oder ob wir bereit sind. Sie kommt wie ein Sturm, nimmt alles mit, was wir glaubten zu wissen, und hinterlässt etwas Neues. Etwas Größeres.

Manchmal ist sie leise, fast unsichtbar, wie ein Atemzug. Und manchmal trifft sie uns wie ein Meteorit, der eine Welt auslöscht und eine andere erschafft.

Liebe ist kein Ziel.
Sie ist der Weg.
Ein ständiges Werden.

„Liebe ist nicht das, was man erwartet zu bekommen, sondern das, was man bereit ist zu geben."
~ Katharine Hepburn (Schauspielerin)

„Die Liebe ist die stärkste Macht der Welt, und doch ist sie die demütigste, die man sich vorstellen kann."
~ Mahatma Gandhi (Friedensaktivist)

„Liebe sieht nicht mit den Augen, sondern mit dem Herzen."
~ William Shakespeare (Dramatiker)

„Wo Liebe ist, wird das Unmögliche möglich."
~ Buddha (Religiöser Lehrer)

„Das große Glück der Liebe besteht darin, Ruhe in einem anderen Herzen zu finden."
~ Julie de Lespinasse (Schriftstellerin)

„Liebe ist, wenn jemand deine Welt berührt und alles für immer verändert."
~ Unbekannt (Volksweisheit)

„Der Liebe ähnlich ist der Schmerz: ein tieferes Gefühl als Freude."
~ Christian Morgenstern (Dichter)

„Das Leben hat keine Bedeutung ohne Liebe."
~ Friedrich Schiller (Dichter)

„Die größte Kunst ist die Liebe."
~ Vincent van Gogh (Maler)

„Liebe besteht nicht darin, dass man einander ansieht, sondern dass man gemeinsam in die gleiche Richtung blickt."
~ Antoine de Saint-Exupéry (Autor)

„Wer liebt, der lebt."
~ Johann Wolfgang von Goethe (Dichter)

„Die Liebe ist das einzige, was wächst, indem wir es verschwenden."
~ Ricarda Huch (Schriftstellerin)

„Man sieht nur mit dem Herzen gut. Das Wesentliche ist für die Augen unsichtbar."
~ Antoine de Saint-Exupéry (Autor)

„Liebe hat nichts mit dem zu tun, was du erwartest zu bekommen, sondern nur mit dem, was du bereit bist zu geben."
~ *Katharine Hepburn (Schauspielerin)*

„Es ist nicht genug zu lieben; man muss es auch zeigen."
~ *Johann Wolfgang von Goethe (Dichter)*

„Liebe und Mitgefühl sind Notwendigkeiten, kein Luxus. Ohne sie kann die Menschheit nicht überleben."
~ *Dalai Lama (Spirituelles Oberhaupt)*

„Liebe ist die stärkste Macht der Welt, weil sie keinen Regeln unterliegt."
~ *Paulo Coelho (Schriftsteller)*

„Liebe ist ein Glas, das zerbricht, wenn man es zu unsicher oder zu fest anfasst."
~ *Russisches Sprichwort*

„Das Herz hat Gründe, die der Verstand nicht kennt."
~ *Blaise Pascal (Mathematiker)*

„Die Liebe ist ein Stoff, den die Natur gewebt und die Fantasie bestickt hat."
~ *Voltaire (Philosoph)*

„Die Liebe ist der Wunsch, etwas zu geben, nicht etwas zu erhalten."
~ *Bertolt Brecht (Dramatiker)*

„Das schönste Gefühl auf Erden ist die Liebe."
~ *Theodor Storm (Dichter)*

„Liebe ist, wenn der andere wichtiger wird als man selbst."
~ *Antoine de Saint-Exupéry (Autor)*

„Wer lieben kann, ist glücklich."
~ *Hermann Hesse (Schriftsteller)*

„Die Liebe ist die Poesie der Sinne."
~ *Honoré de Balzac (Schriftsteller)*

„Wenn die Liebe das Leben ist, dann bist du mein Leben."
~ *Unbekannt (Volksweisheit)*

„Die Liebe ist die Farbe, die das Leben ausfüllt.“
~ *Marc Chagall (Maler)*

„Wahre Liebe ist nicht, wenn zwei perfekte Menschen zueinander finden, sondern wenn zwei unvollkommene Menschen lernen, einander zu schätzen.“
~ *Unbekannt (Volksweisheit)*

„Das Herz kennt keine Grenzen, wenn die Liebe echt ist.“
~ *Khalil Gibran (Dichter)*

„Liebe ist die Antwort auf alles.“
~ *John Lennon (Musiker)*

„Liebe ist die Schönheit der Seele.“
~ *Augustinus von Hippo (Philosoph)*

„Wo die Liebe herrscht, da ist der Sinn des Lebens erfüllt.“
~ *Hermann Hesse (Schriftsteller)*

„Liebe ist ein ewiges Mysterium, denn nichts auf der Welt kann es erklären.“
~ *Rabindranath Tagore (Dichter)*

„Das schönste Geschenk der Liebe ist Vertrauen."
~ *Leo Tolstoi (Schriftsteller)*

„Liebe ist ein Geschenk, das man mit beiden Händen halten muss."
~ *Unbekannt (Volksweisheit)*

„Liebe ist, was dich lächeln lässt, wenn du müde bist."
~ *Paulo Coelho (Schriftsteller)*

„Die Liebe macht nicht blind, sie sieht nur mehr."
~ *José Narosky (Schriftsteller)*

„Das Herz ist, was die Liebe anzieht."
~ *Søren Kierkegaard (Philosoph)*

„Wer liebt, gibt alles, ohne etwas zurückzuverlangen."
~ *Albert Schweitzer (Philosoph)*

„Liebe beginnt, wo das Ego endet."
~ *Osho (Spiritueller Lehrer)*

„Es gibt keine Grenzen, wenn zwei Herzen vereint sind."
~ *Khalil Gibran (Dichter)*

„Liebe ist der Schlüssel zu einem erfüllten Leben."
~ *Unbekannt (Volksweisheit)*

„Liebe kann nicht erzwungen werden, sie kann nur geschenkt werden."
~ *Arthur Schopenhauer (Philosoph)*

„Liebe ist der Atem der Seele."
~ *Voltaire (Philosoph)*

„Es gibt nur eine wahre Liebe: die Liebe ohne Bedingungen."
~ *Dalai Lama (Spirituelles Oberhaupt)*

„Das Herz ist frei, wenn die Liebe regiert."
~ *Johann Wolfgang von Goethe (Dichter)*

„Liebe ist die Kraft, die uns über uns selbst hinaushebt."
~ *Friedrich Schlegel (Philosoph)*

„Die Liebe hat kein Alter; sie ist immer jung."
~ *Blaise Pascal (Mathematiker)*

„Wo Liebe ist, wird das Leben lebenswert.“
~ *Unbekannt (Volksweisheit)*

„Die Liebe ist das Band, das alles zusammenhält.“
~ *Rumi (Dichter)*

„Liebe ist die einzige Realität.“
~ *Rabindranath Tagore (Dichter)*

„Das größte Glück der Liebe ist, geliebt zu werden.“
~ *Théodore Simon Jouffroy (Philosoph)*

„Die Liebe ist das einzige, was wir verdoppeln können, indem wir es teilen.“
~ *Albert Schweitzer (Philosoph)*

„Liebe ist der Wunsch, dass es dem anderen gut geht.“
~ *Aristoteles (Philosoph)*

„Liebe ist der Anfang von allem."
~ *Unbekannt (Volksweisheit)*

„Die Liebe macht das Unmögliche möglich."
~ *Friedrich von Schiller (Dichter)*

„Die Seele heilt durch Nähe und Liebe."
~ *Aristoteles (Philosoph)*

„Die Liebe ist der einzige Schatz, der sich vermehrt, wenn man ihn teilt."
~ *Cesare Pavese (Schriftsteller)*

„Die Liebe ist der Schlüssel zu einem glücklichen Leben."
~ *Leo Tolstoi (Schriftsteller)*

„Liebe ist nicht das, was du sagst, sondern das, was du tust."
~ *Unbekannt (Volksweisheit)*

„Die wahre Liebe beginnt dort, wo nichts erwartet wird."
~ *Antoine de Saint-Exupéry (Autor)*

„Die Liebe kennt keine Schranken und keine Mauern."
~ *Khalil Gibran (Dichter)*

„Liebe heilt die tiefsten Wunden."
~ *Maya Angelou (Schriftstellerin)*

„Die Liebe ist das Licht, das die Dunkelheit vertreibt."
~ *Martin Luther King Jr. (Bürgerrechtler)*

„Wahre Liebe ist eine Kunst, die man ein Leben lang lernt."
~ *Erich Fromm (Psychologe)*

„Liebe ist der Klang des Lebens."
~ *Rumi (Dichter)*

„Ohne Liebe ist das Leben nur ein Schatten seiner selbst."
~ *Friedrich Nietzsche (Philosoph)*

„Liebe ist der Atem des Universums."
~ *Unbekannt (Volksweisheit)*

„Die Liebe allein versteht das Geheimnis, andere zu beschenken und dabei selbst reich zu werden."
~ Clemens Brentano (Dichter)

„Liebe ist das einzige Abenteuer, das es wirklich wert ist."
~ Marie von Ebner-Eschenbach (Schriftstellerin)

„Liebe bedeutet, die Welt mit den Augen des anderen zu sehen."
~ Henry David Thoreau (Philosoph)

„Die Liebe ist eine unerschöpfliche Quelle."
~ Khalil Gibran (Dichter)

„Nur die Liebe gibt dem Leben Sinn."
~ Hermann Hesse (Schriftsteller)

„Das größte Geschenk der Liebe ist, dass sie alles akzeptiert."
~ Erich Fromm (Psychologe)

„Liebe ist die Brücke zwischen Himmel und Erde."
~ Rumi (Dichter)

„Ohne Liebe wäre die Welt ein kalter Ort.“
~ *Mahatma Gandhi (Friedensaktivist)*

„Liebe beginnt da, wo wir uns selbst vergessen.“
~ *Victor Hugo (Schriftsteller)*

„Die Liebe ist der goldene Schlüssel zu allem.“
~ *John Keats (Dichter)*

„Liebe ist die einzige Sprache, die alle Menschen verstehen.“
~ *Paulo Coelho (Schriftsteller)*

„Liebe ist wie der Wind. Man kann sie nicht sehen, aber fühlen.“
~ *Nicholas Sparks (Schriftsteller)*

„Die Liebe verwandelt jedes Leben in ein Meisterwerk.“
~ *Marc Chagall (Maler)*

„Ohne Liebe können wir nicht wirklich leben.“
~ *Leo Tolstoi (Schriftsteller)*

„Liebe ist, wenn der andere dein Herz berührt, ohne es zu brechen.“
~ Unbekannt (Volksweisheit)

„Die Liebe kennt keine Grenzen, nur Möglichkeiten.“
~ Albert Einstein (Physiker)

„Liebe ist das, was das Leben lebenswert macht.“
~ Friedrich Nietzsche (Philosoph)

„Die Liebe beginnt mit einem Lächeln, wächst mit einem Kuss und endet nie.“
~ Unbekannt (Volksweisheit)

„Liebe ist der Motor des Lebens.“
~ Rumi (Dichter)

„Die Liebe ist ein Rätsel, das nur das Herz lösen kann.“
~ Rabindranath Tagore (Dichter)

„Liebe ist der wahre Reichtum des Lebens.“
~ Vincent van Gogh (Maler)

„Die Liebe fragt nicht nach Gründen.“
~ *Ovid (Dichter)*

„Wo Liebe ist, da ist Frieden.“
~ *Leo Tolstoi (Schriftsteller)*

„Die Liebe schenkt Flügel, die uns über die Stürme des Lebens tragen.“
~ *Khalil Gibran (Dichter)*

„Liebe ist ein Versprechen, das ewig hält.“
~ *William Shakespeare (Dramatiker)*

„Das Herz kann nie zu viel lieben.“
~ *Johann Wolfgang von Goethe (Dichter)*

„Liebe ist, wenn zwei Seelen eins werden.“
~ *Rumi (Dichter)*

„Die Liebe ist der Ursprung aller großen Taten.“
~ *Victor Hugo (Schriftsteller)*

Erfolg und Scheitern

Zwei Seiten einer Medaille, die wir alle im Leben tragen. Erfolg leuchtet wie ein Stern am Nachthimmel, unerreichbar für manche, greifbar für andere. Er wird gejagt, gefeiert, beneidet – doch was steckt wirklich dahinter? Oft ist er das Ergebnis von Schweiß, Mut und unzähligen Rückschlägen, die still im Schatten bleiben.

Und dann ist da das Scheitern. Ein Wort, das Angst auslöst, das uns lähmt – doch es ist kein Feind. Scheitern ist ein Lehrmeister, unerbittlich, aber ehrlich. Es zeigt uns, woraus wir gemacht sind. Denn nur wer fällt, versteht, wie wertvoll der nächste Schritt ist.

Zwischen Erfolg und Scheitern liegt der wahre Kern des Lebens: Der Wille, es immer wieder zu versuchen.

„Der Weg zum Erfolg führt über das Scheitern."
~ *Thomas Edison (Erfinder)*

„Erfolg ist die Fähigkeit, von einem Misserfolg zum nächsten zu gehen, ohne die Begeisterung zu verlieren."
~ *Winston Churchill (Politiker)/ BastiGHG*

„Scheitern ist einfach die Gelegenheit, es erneut intelligenter zu versuchen."
~ *Henry Ford (Unternehmer)*

„Erfolg besteht darin, dass man genau die Fähigkeiten hat, die im Moment gefragt sind."
~ *Henry Ford (Unternehmer)*

„Wer noch nie einen Fehler gemacht hat, hat noch nie etwas Neues ausprobiert."
~ *Albert Einstein (Physiker)*

„Manchmal gewinnt man, manchmal lernt man."
~ *John C. Maxwell (Autor)*

„Unser größter Ruhm ist nicht, niemals zu fallen, sondern jedes Mal wieder aufzustehen."
~ *Konfuzius (Philosoph)*

„Der einzige Ort, an dem Erfolg vor Arbeit kommt, ist das Wörterbuch."
~ *Vidal Sassoon (Friseur und Unternehmer)*

„Erfolg hat drei Buchstaben: TUN."
~ *Johann Wolfgang von Goethe (Dichter)*

„Scheitern ist der Schlüssel zum Erfolg; jeder Fehler lehrt uns etwas."
~ *Morihei Ueshiba (Kampfkünstler)*

„Das Geheimnis des Erfolges liegt darin, für die Gelegenheit bereit zu sein, wenn sie kommt."
~ *Benjamin Disraeli (Politiker)*

„Es ist nicht der Erfolg, der uns formt, sondern die Reise dorthin."
~ *Paulo Coelho (Schriftsteller)*

„Nur wer das Scheitern kennt, kann den Erfolg wirklich schätzen."
~ *Unbekannt (Volksweisheit)*

„Die meisten großen Taten wurden durch beharrliches
Ausprobieren erreicht, nicht durch plötzlichen Erfolg."
~ Orison Swett Marden (Autor)

„Der Erfolg hat viele Väter, das Scheitern ist ein Waisenkind."
~ John F. Kennedy (Politiker)

„Fehler sind das Tor zu neuen Entdeckungen."
~ James Joyce (Schriftsteller)

„Ein erfolgreicher Mensch ist jemand, der Steine, die ihm in den
Weg gelegt werden, nutzt, um ein Fundament zu bauen."
~ David Brinkley (Journalist)

„Niederlagen sind nur Wegweiser zum Erfolg."
~ C. S. Lewis (Schriftsteller)

„Das Wichtigste ist, niemals aufzuhören, Fragen zu stellen."
~ Albert Einstein (Physiker)

„Scheitern ist nur der Anfang von etwas Größerem."
~ Unbekannt (Volksweisheit)

„Erfolg ist nicht endgültig, Scheitern ist nicht fatal: Es ist der Mut, der zählt."
~ Winston Churchill (Politiker)

„Der Unterschied zwischen Erfolg und Scheitern ist, es noch ein letztes Mal zu versuchen."
~ Unbekannt (Volksweisheit)

„Mut steht am Anfang des Handelns, Glück am Ende."
~ Demokrit (Philosoph)

„Man kann nicht vorwärtskommen, ohne gelegentlich zu stolpern."
~ Clarence Day (Autor)

„Die einzige Grenze zum Erfolg ist die Angst vor dem Scheitern."
~ Unbekannt (Volksweisheit)

„Hindernisse sind die Stufen zum Erfolg."
~ Booker T. Washington (Bildungspionier)

„Jeder Misserfolg bringt mich dem nächsten Erfolg näher."
~ Babe Ruth (Baseballspieler)

„Erfolg ist, was passiert, wenn Vorbereitung auf Gelegenheit trifft."
~ *Bobby Unser (Rennfahrer)*

„Erfolg entsteht oft aus Niederlagen."
~ *Coco Chanel (Modedesignerin)*

„Es gibt keine Erfolge ohne vorherige Schwierigkeiten."
~ *Publilius Syrus (Philosoph)*

„Ein Mann, der niemals Fehler gemacht hat, hat nie etwas Neues gewagt."
~ *Albert Einstein (Physiker)*

„Das Geheimnis des Erfolges ist, den Standpunkt des anderen zu verstehen."
~ *Henry Ford (Unternehmer)*

„Die schwierigsten Wege führen oft zu den schönsten Zielen."
~ *Unbekannt (Volksweisheit)*

„Misserfolg ist einfach die Gelegenheit, neu anzufangen, dieses Mal klüger."
~ *Henry Ford (Unternehmer)*

„Mut ist, wenn du trotz deiner Angst handelst."
~ *Mark Twain (Schriftsteller)*

„Man fällt nicht über das, was hinter einem liegt, sondern über das, was vor einem liegt."
~ *Konfuzius (Philosoph)*

„Wer Erfolg haben will, muss bereit sein, den Preis zu zahlen."
~ *Vince Lombardi (Footballtrainer)*

„Niederlagen sind die Lehrmeister des Erfolges."
~ *Unbekannt (Volksweisheit)*

„Dein größter Feind ist der Zweifel. Dein größter Verbündeter ist der Mut."
~ *Unbekannt (Volksweisheit)*

„Ein Ziel ist ein Traum mit einer Frist."
~ *Napoleon Hill (Autor)*

„Erfolg ist, wenn man sich selbst übertrifft, nicht andere."
~ *Unbekannt (Volksweisheit)*

„Jede Herausforderung ist eine Gelegenheit zu wachsen."
~ Unbekannt (Volksweisheit)

„Der Erfolg wartet hinter der Angst."
~ Unbekannt (Volksweisheit)

„Der Erfolg ist die Summe kleiner Anstrengungen, die Tag für Tag wiederholt werden."
~ Robert Collier (Autor)

„Es ist nicht wichtig, wie oft du hinfällst, sondern wie oft du aufstehst."
~ Vince Lombardi (Footballtrainer)

„Große Geister haben oft heftigem Widerstand begegnet."
~ Albert Einstein (Physiker)

„Harte Arbeit schlägt Talent, wenn Talent nicht hart arbeitet."
~ Tim Notke (Basketballcoach)

„Ein erfolgreicher Mensch hat viele Misserfolge hinter sich."
~ Unbekannt (Volksweisheit)

„Nur wer die Angst vor dem Scheitern überwindet, kann wirklich erfolgreich sein."
~ Unbekannt (Volksweisheit)

„Scheitern ist nur ein Umweg, nicht das Ende."
~ Zig Ziglar (Motivationssprecher)

„Der Erfolg gehört denen, die nicht aufgeben."
~ Unbekannt (Volksweisheit)

„Erfolg ist eine Reise, kein Ziel."
~ Arthur Ashe (Tennisspieler)

„Wenn du an deine Grenzen stößt, dann mach sie zu deinem Ausgangspunkt."
~ Unbekannt (Volksweisheit)

„Scheitern ist das Ziel des Erfolges."
~ William Shakespeare (Dramatiker)

„Erfolg ist die Kunst, zu scheitern und dabei nicht den Mut zu verlieren."
~ Unbekannt (Volksweisheit)

„Der größte Fehler ist es, niemals etwas zu wagen."
~ *Unbekannt (Volksweisheit)*

„Die Stärksten unter uns sind nicht diejenigen, die niemals fallen,
sondern diejenigen, die nach jedem Fall wieder aufstehen."
~ *Unbekannt (Volksweisheit)*

„Erfolg ist, was folgt, wenn du niemals aufgibst."
~ *Sentenzen*

„Niederlagen sind lediglich eine Einladung, es noch einmal besser
zu machen."
~ *Unbekannt (Volksweisheit)*

„Erfolg bedeutet nicht, niemals zu scheitern, sondern den Mut zu
haben, wieder aufzustehen."
~ *Mary Pickford (Schauspielerin)*

„Scheitern ist der erste Schritt auf dem Weg zum Erfolg."
~ *Unbekannt (Volksweisheit)*

„Hinter jedem großen Erfolg steckt eine Geschichte des
Scheiterns."
~ *Unbekannt (Volksweisheit)*

„Wer nichts wagt, der kann auch nichts gewinnen.“
~ Unbekannt (Volksweisheit)

„Jeder Erfolg beginnt mit dem Entschluss, es zu versuchen.“
~ Unbekannt (Volksweisheit)

„Erfolg ist kein Glück, sondern das Ergebnis harter Arbeit und Ausdauer.“
~ Unbekannt (Volksweisheit)

„Es ist nicht der Berg, den wir bezwingen, sondern wir selbst.“
~ Sir Edmund Hillary (Bergsteiger)

„Der größte Erfolg ist es, nicht aufzugeben.“
~ Unbekannt (Volksweisheit)

„Scheitern ist der Preis, den man für den Erfolg zahlt.“
~ Unbekannt (Volksweisheit)

„Scheitern ist nicht das Gegenteil von Erfolg, es ist ein Teil davon.“
~ Arianna Huffington (Journalistin)

„Der wahre Erfolg ist nicht in den Auszeichnungen, sondern in der Erfüllung der eigenen Bestimmung zu finden."
~ Unbekannt (Volksweisheit)

„Die größte Ehre im Leben liegt nicht darin, niemals zu fallen, sondern jedes Mal wieder aufzustehen."
~ Nelson Mandela (Politiker)

„Erfolg ist der Fehler, den man nicht aufgibt."
~ Unbekannt (Volksweisheit)

„Erfolg ist, wenn Vorbereitung auf Gelegenheit trifft."
~ Seneca (Philosoph)

„Der einzige Weg, großartige Arbeit zu leisten, ist, diese zu lieben."
~ Steve Jobs (Unternehmer)

„Erfolg ist, die Hürden zu nehmen, die andere für unüberwindbar halten."
~ Unbekannt (Volksweisheit)

„Wenn du nicht versuchst, wirst du niemals wissen, wie viel du erreichen könntest."
~ Unbekannt (Volksweisheit)

„Es sind nicht die Erfolge, die uns stärker machen, sondern die Rückschläge."
~ Unbekannt (Volksweisheit)

„Erfolg ist das Resultat von Fehlern und Korrekturen."
~ Unbekannt (Volksweisheit)

„Manchmal ist der größte Erfolg, das Scheitern als Chance zu begreifen."
~ Unbekannt (Volksweisheit)

„Erfolg ist die Fähigkeit, von Misserfolgen zu Misserfolgen zu gehen, ohne den Enthusiasmus zu verlieren."
~ Winston Churchill (Politiker)

„Der Erfolg ist das Streben nach dem, was man wirklich will, nicht nach dem, was man soll."
~ Unbekannt (Volksweisheit)

„Erfolg wird nicht durch das, was du erreichst, gemessen, sondern durch das, was du aufgibst."
~ Unbekannt (Volksweisheit)

„Der Erfolg liegt nicht darin, dass du nie fällst, sondern dass du immer wieder aufstehst."
~ Unbekannt (Volksweisheit)

„Manchmal ist das Scheitern der beste Lehrmeister."
~ Unbekannt (Volksweisheit)

„Der Erfolg gehört denen, die sich nie mit dem Status quo zufriedengeben."
~ Unbekannt (Volksweisheit)

„Jeder Fehler ist eine Lektion, die uns auf den Weg des Erfolges führt."
~ Unbekannt (Volksweisheit)

„Der Erfolg ist der Lohn für Ausdauer, nicht für Talent."
~ Unbekannt (Volksweisheit)

„Erfolg ist nicht das Ergebnis von Glück, sondern von Ausdauer und harter Arbeit."
~ Unbekannt (Volksweisheit)

„Der wahre Erfolg ist nicht der Ruhm, sondern die Zufriedenheit, den eigenen Weg zu gehen."
~ Unbekannt (Volksweisheit)

„Erfolg ist der Lohn für das Überwinden von Zweifeln und Ängsten.“
~ Unbekannt (Volksweisheit)

„Nur durch das Scheitern können wir unsere wahren Stärken entdecken.“
~ Unbekannt (Volksweisheit)

„Scheitern ist ein Teil des Spiels. Wer nie scheitert, hat nie wirklich gekämpft.“
~ Unbekannt (Volksweisheit)

„Erfolg bedeutet, sich nach jedem Misserfolg wieder zu erheben.“
~ Unbekannt (Volksweisheit)

„Das Geheimnis des Erfolges ist, nicht im Scheitern stecken zu bleiben.“
~ Unbekannt (Volksweisheit)

„Erfolg ist der ständige Fortschritt, nicht das endgültige Ziel.“
~ Unbekannt (Volksweisheit)

„Scheitern ist der Nährboden für zukünftigen Erfolg.“
~ Unbekannt (Volksweisheit)

Freundschaft

Freundschaft ist mehr als ein Wort, mehr als ein Moment. Sie ist ein ewiges Band, das uns über Zeit und Raum hinweg miteinander verbindet. In den Höhen des Glücks und den Tiefen des Schmerzes ist sie das Licht, das uns führt, und der Anker, der uns hält. Sie formt sich aus Vertrauen, wächst durch gemeinsame Erlebnisse und überdauert selbst die stürmischsten Zeiten.

Ein wahrer Freund sieht uns, wenn wir uns selbst verloren haben, und reicht uns die Hand, wenn alle anderen gegangen sind. Freundschaft ist der Schatz, der unser Leben reich macht – ein Ort der Geborgenheit, der Wahrheit und der unerschütterlichen Loyalität.

Mögen die folgenden Worte ein Zeugnis der Kraft und Schönheit dieser besonderen Verbindung sein. Denn in einer vergänglichen Welt bleibt Freundschaft – ewig, wahr und kostbar.

„Ein wahrer Freund ist jemand, der alles über dich weiß und dich trotzdem liebt."
~ *Elbert Hubbard (Schriftsteller)*

„Freundschaft verdoppelt unsere Freude und halbiert unseren Schmerz."
~ *Marcus Tullius Cicero (Philosoph)*

„Freunde sind wie Sterne. Du kannst sie nicht immer sehen, aber du weißt, dass sie immer da sind."
~ *Unbekannt (Volksweisheit)*

„Freundschaft ist eine Seele in zwei Körpern."
~ *Aristoteles (Philosoph)*

„Ein Freund ist ein Mensch, der die Melodie deines Herzens kennt und sie dir vorspielt, wenn du sie vergessen hast."
~ *Albert Einstein (Physiker)*

„Wahre Freundschaft ist eine langsam wachsende Pflanze."
~ *George Washington (Staatsmann)*

„Freundschaft, das ist wie Heimat."
~ *Kurt Tucholsky (Schriftsteller)*

„Freundschaft ist nicht etwas, das man in der Schule lernt. Aber wenn man die Bedeutung von Freundschaft nicht gelernt hat, hat man wirklich nichts gelernt."
~ Muhammad Ali (Boxer)

„Wahre Freunde sind die, die bei deiner Dunkelheit bleiben, auch wenn alle anderen gegangen sind."
~ Unbekannt (Volksweisheit)

„Freundschaft ist ein Seelenband, das durch Zeit und Raum unzertrennlich bleibt."
~ Khalil Gibran (Philosoph und Dichter)

„Ein Leben ohne Freundschaft ist wie eine Welt ohne Sonne."
~ Marcus Tullius Cicero (Philosoph)

„Freundschaft ist das schönste Geschenk, das man sich selbst machen kann."
~ Unbekannt (Volksweisheit)

„Freunde sind die Familie, die wir uns selbst aussuchen."
~ Edna Buchanan (Journalistin)

„Die Sprache der Freundschaft sind keine Worte, sondern Bedeutungen."
~ *Henry David Thoreau (Philosoph)*

„Es ist nicht wichtig, viele Freunde zu haben, sondern wahre Freunde."
~ *Unbekannt (Volksweisheit)*

„Freundschaft ist ein ständiges Geben und Nehmen – sie braucht Pflege, um zu wachsen."
~ *Johann Wolfgang von Goethe (Dichter)*

„Ein Freund ist jemand, der hinter dir steht, auch wenn du vorne Fehler machst."
~ *Unbekannt (Volksweisheit)*

„Ein Freund ist jemand, der an dich glaubt, wenn du es selbst nicht mehr tust."
~ *Unbekannt (Volksweisheit)*

„Freunde sind Engel, die uns wieder auf die Beine helfen, wenn unsere Flügel vergessen haben, wie man fliegt."
~ *Unbekannt (Volksweisheit)*

„Freundschaft ist wie ein Baum, sie braucht Zeit, um zu wachsen und Wurzeln zu schlagen."
~ Unbekannt (Volksweisheit)

„Freundschaft ist wie ein Diamant – kostbar und selten."
~ Unbekannt (Volksweisheit)

„Freundschaft ist, wenn man beim anderen zu Hause sein kann, ohne sich fremd zu fühlen."
~ Unbekannt (Volksweisheit)

„Ein Freund ist jemand, der deine Vergangenheit versteht, an deine Zukunft glaubt und dich so akzeptiert, wie du bist."
~ Unbekannt (Volksweisheit)

„Wahre Freundschaft kennt keine Entfernungen."
~ Unbekannt (Volksweisheit)

„Freundschaft bedeutet, dass man nicht perfekt sein muss, um geliebt zu werden."
~ Unbekannt (Volksweisheit)

„Ein Freund ist einer, der kommt, wenn der Rest der Welt geht."
~ Grace Pulpit (Schriftstellerin)

„Freundschaft ist ein Licht in der Dunkelheit."
~ *Unbekannt (Volksweisheit)*

„Freundschaft beginnt, wo Erwartungen enden."
~ *Friedrich Nietzsche (Philosoph)*

„Wahre Freunde sind wie Magnete – sie ziehen dich an, selbst in schweren Zeiten."
~ *Unbekannt (Volksweisheit)*

„Freundschaft ist der einzige Zement, der die Welt zusammenhält."
~ *Woodrow Wilson (Staatsmann)*

„Wahre Freundschaft ist wie ein sicherer Hafen, der uns vor den Stürmen des Lebens schützt."
~ *Unbekannt (Volksweisheit)*

„Freunde sind wie ein guter Tee: Sie geben Wärme und sind immer da, wenn man sie braucht."
~ *Unbekannt (Volksweisheit)*

„Freundschaft beginnt mit einem Lächeln, wächst mit Vertrauen und blüht mit Liebe."
~ *Unbekannt (Volksweisheit)*

„Ein Freund ist jemand, der deine Tränen sieht und sie mit einem Lächeln trocknet."
~ Unbekannt (Volksweisheit)

„Freunde sind der Leuchtturm im Nebel des Lebens."
~ Unbekannt (Volksweisheit)

„Freundschaft ist die Kunst, einander zuzuhören, ohne zu urteilen."
~ Unbekannt (Volksweisheit)

„Freunde sind wie Bücher. Es ist nicht wichtig, wie viele du hast, sondern wie gut sie sind."
~ Unbekannt (Volksweisheit)

„Freundschaft ist ein Regenbogen zwischen zwei Herzen."
~ Unbekannt (Volksweisheit)

„Die besten Freunde sind die, die dich lieben, obwohl sie dich kennen."
~ Elbert Hubbard (Schriftsteller)

„Wahre Freundschaft kann nicht erzwungen werden – sie wächst
aus Vertrauen und Respekt.“
~ Unbekannt (Volksweisheit)

„Freundschaft ist ein unsichtbares Band, das Herzen verbindet.“
~ Unbekannt (Volksweisheit)

„Ein Freund ist jemand, der das Lied in deinem Herzen kennt und
es dir vorsingt, wenn du es vergessen hast.“
~ C.S. Lewis (Schriftsteller)

„Freunde sind die Sonne in unserem Leben, auch an trüben Tagen.“
~ Unbekannt (Volksweisheit)

„Die Freundschaft ist eine Tür, die immer offen steht.“
~ Unbekannt (Volksweisheit)

„Freundschaft ist, wenn Schweigen nie unangenehm wird.“
~ Unbekannt (Volksweisheit)

„Ein wahrer Freund ist wie ein sicherer Anker in den Stürmen des
Lebens.“
~ Unbekannt (Volksweisheit)

„Freunde sind die Blumen im Garten des Lebens.“
~ *Unbekannt (Volksweisheit)*

„Wahre Freunde bringen Licht in die dunkelsten Ecken unseres Lebens.“
~ *Unbekannt (Volksweisheit)*

„Ein Freund ist jemand, der dir den Weg zeigt, wenn du verloren bist.“
~ *Unbekannt (Volksweisheit)*

„Freundschaft ist die Melodie des Lebens.“
~ *Unbekannt (Volksweisheit)*

„Ein Freund ist jemand, der die Wahrheit in deinem Herzen erkennt, auch wenn du sie selbst nicht sehen kannst.“
~ *Unbekannt (Volksweisheit)*

„Freundschaft braucht keine Worte – sie spricht für sich.“
~ *Dag Hammarskjöld (Diplomat)*

„Ein Freund ist ein Geschenk, das man sich selbst macht.“
~ *Robert Louis Stevenson (Schriftsteller)*

„Die schönsten Erinnerungen sammelt man immer zu zweit."
~ Luise Rinser (Schriftstellerin)

„Freunde sind die Familie, die wir uns aussuchen."
~ Unbekannt (Volksweisheit)

„Wahre Freundschaft ist eine Brücke, die jedes Hindernis überwindet."
~ Unbekannt (Volksweisheit)

„Freundschaft ist ein Ort, an dem du dich zu Hause fühlst."
~ Unbekannt (Volksweisheit)

„Freunde sind wie Spiegel – sie zeigen uns, wer wir wirklich sind."
~ Unbekannt (Volksweisheit)

„Wahre Freunde sind die, die dich annehmen, wie du bist, und trotzdem an deinem Wachstum interessiert sind."
~ Unbekannt (Volksweisheit)

„Ein Freund ist jemand, der deine Stille versteht.“
~ *Unbekannt (Volksweisheit)*

„Die Freundschaft fließt aus vielen Quellen, reinste aber aus dem Respekt.“
~ *Daniel Defoe (Schriftsteller)*

„Freunde sind wie ein Netz – sie fangen dich auf, wenn du fällst.“
~ *Unbekannt (Volksweisheit)*

„Freundschaft ist die Brücke zwischen Herzen.“
~ *Unbekannt (Volksweisheit)*

„Freundschaft ist ein Geschenk, das man mit keinem Geld der Welt kaufen kann.“
~ *Unbekannt (Volksweisheit)*

„Ein Freund ist jemand, der dich inspiriert, besser zu sein.“
~ *Unbekannt (Volksweisheit)*

„Freundschaft ist der Anfang jeder großen Geschichte.“
~ *Unbekannt (Volksweisheit)*

„Freunde sind wie Kerzen – sie bringen Licht in dein Leben."
~ Unbekannt (Volksweisheit)

„Freundschaft ist die höchste Form der Liebe."
~ Henri-Frédéric Amiel (Philosoph)

„Ein wahrer Freund ist mehr wert als tausend Bekannte."
~ Unbekannt (Volksweisheit)

„Freundschaft ist der goldene Faden, der die Herzen der Welt verbindet."
~ John Evelyn (Schriftsteller)

„Ein wahrer Freund ist wie ein vierblättriges Kleeblatt: schwer zu finden, aber ein wahrer Glücksbringer."
~ Unbekannt (Volksweisheit)

„Freunde sind die Farbe in der Schwarz-Weiß-Malerei des Lebens."
~ Unbekannt (Volksweisheit)

„Freundschaft ist der Schlüssel zu einem glücklichen Herzen."
~ Unbekannt (Volksweisheit)

„Ein Freund ist jemand, der dir das Beste in dir zeigt."
~ Ralph Waldo Emerson (Philosoph)

„Wahre Freundschaft erkennt man daran, dass man sich nicht erklären muss."
~ Erich Kästner (Schriftsteller)

„Ein Freund versteht deine Vergangenheit, glaubt an deine Zukunft und akzeptiert dich, wie du bist."
~ Unbekannt (Volksweisheit)

„Die beste Zeit, Freunde zu finden, ist bevor du sie brauchst."
~ Ethel Barrymore (Schauspielerin)

„Freundschaft ist der schönste Weg, Liebe zu leben."
~ Unbekannt (Volksweisheit)

„Ein Freund ist jemand, der deinen Wert kennt, auch wenn du ihn selbst vergisst."
~ Unbekannt (Volksweisheit)

„Freundschaft ist ein Abenteuer, das nie endet."
~ Unbekannt (Volksweisheit)

„Ein wahrer Freund ist ein Geschenk, das man mit dem Herzen öffnet."
~ Unbekannt (Volksweisheit)

„Freundschaft ist der Klebstoff, der das Leben zusammenhält."
~ Unbekannt (Volksweisheit)

„Freunde sind wie Leuchttürme – sie weisen dir den Weg in stürmischen Zeiten."
~ Unbekannt (Volksweisheit)

„Wahre Freunde kann man nicht kaufen, aber man erkennt sie, wenn sie da sind."
~ Unbekannt (Volksweisheit)

„Freundschaft ist das größte Glück, das der Mensch erfahren kann."
~ Thomas von Aquin (Philosoph)

„Ein Freund ist jemand, der bleibt, wenn alle anderen gegangen sind."
~ Walter Winchell (Journalist)

„Freundschaft ist ein stilles Band, das auch ohne Worte Bestand hat."
~ Unbekannt (Volksweisheit)

„Ein wahrer Freund sieht deine Stärken und stärkt dich in deinen Schwächen."
~ Unbekannt (Volksweisheit)

„Freundschaft ist wie ein Buch: Es braucht Zeit, es zu schreiben, aber es bleibt für immer."
~ Unbekannt (Volksweisheit)

„Ein Freund ist ein Geschenk, das dir zeigt, dass du nie allein bist."
~ Unbekannt (Volksweisheit)

„Freundschaft ist eine Investition in die Seele."
~ Unbekannt (Volksweisheit)

„Ein wahrer Freund ist der, der dich in den schwierigsten Momenten versteht."
~ Unbekannt (Volksweisheit)

Zeit und Vergänglichkeit

*Die Zeit – unsichtbar und unaufhaltsam – durchdringt unser
Leben, formt es und nimmt es uns zugleich. In ihrem Schatten, der
Vergänglichkeit, liegt ein paradoxes Geschenk:
Die Zerbrechlichkeit des Lebens macht jeden Moment kostbar.*

*Wir sind Gefangene und Kinder der Zeit, zwischen Erinnerung
und Sehnsucht nach der Zukunft. Doch nur im Augenblick, im
flüchtigen Jetzt, entfaltet sich die wahre Essenz des Daseins.*

*Lasst uns die Zeit nicht fürchten, sondern ehren, denn sie offenbart,
was es bedeutet, zu leben – flüchtig, dramatisch, wunderbar.*

„Die Zeit verwandelt uns nicht, sie entfaltet uns nur."
~ *Max Frisch (Schriftsteller)*

„Zeit, die wir uns nehmen, ist Zeit, die uns etwas gibt."
~ *Ernst Ferstl (Dichter)*

„Zeit ist die bewegliche Ähnlichkeit der Ewigkeit."
~ *Platon (Philosoph)*

„Das Gestern ist Geschichte, das Morgen ist ein Geheimnis, aber
das Heute ist ein Geschenk."
~ *Eleanor Roosevelt (Politikerin)*

„Die Zeit fliegt nicht, sie läuft."
~ *Wilhelm Busch (Dichter und Zeichner)*

„Die Zeit heilt alle Wunden, sagt man. Aber sie ist kein guter
Chirurg."
~ *Mark Twain (Schriftsteller)*

„Es gibt Diebe, die nicht bestraft werden und einem doch das
Kostbarste stehlen: die Zeit."
~ *Napoleon Bonaparte (Kaiser)*

„Zeit, die wir mit Freude verbringen, ist keine verschwendete Zeit."
~ *John Lennon (Musiker)*

„Die Ewigkeit dauert lange, besonders gegen Ende."
~ *Woody Allen (Regisseur und Schauspieler)*

„Die Zukunft gehört denen, die an die Wahrhaftigkeit ihrer Träume glauben."
~ *Eleanor Roosevelt (Politikerin)*

„Jede Zeit hat ihre eigene Wahrheit."
~ *Albert Einstein (Physiker)*

„Verlorene Zeit wird niemals wiedergefunden."
~ *Benjamin Franklin (Staatsmann)*

„Die Zeit verweilt lange genug für jeden, der sie nutzen will."
~ *Leonardo da Vinci (Universalgelehrter)*

„Es ist nicht wenig Zeit, die wir haben, sondern viel Zeit, die wir nicht nutzen."
~ *Seneca (Philosoph)*

„Wer den Augenblick ergreift, erlangt die Fülle des Lebens."
~ *Johann Wolfgang von Goethe (Dichter)*

„Die Zeit vergeht nicht schneller als früher, aber wir laufen eiliger
an ihr vorbei."
~ *George Orwell (Schriftsteller)*

„Es ist die Zeit, die du mit deiner Rose verbracht hast, die sie so
wichtig macht."
~ *Antoine de Saint-Exupéry (Schriftsteller)*

„Die Zeit ist ein großer Lehrer. Leider tötet sie alle ihre Schüler."
~ *Hector Berlioz (Komponist)*

„Die beste Zeit für einen Neuanfang ist jetzt."
~ *Marie von Ebner-Eschenbach (Schriftstellerin)*

„Nur die Sache ist verloren, die man aufgibt."
~ *Ernst von Feuchtersleben (Philosoph)*

„Das Leben ist zu kurz, um kleinlich zu sein."
~ *Benjamin Disraeli (Staatsmann)*

„Zeit, die du mit Lachen verbringst, ist niemals verschwendet."
~ Charlie Chaplin (Schauspieler)

„Die Zeit ist die Seele dieser Welt."
~ Pythagoras (Philosoph)

„Die Vergangenheit ist der Anfang der Zukunft."
~ Herbert Wells (Schriftsteller)

„Die Zeit heilt alle Wunden, aber sie hinterlässt Narben."
~ Rose Kennedy (Philanthropin)

„Zeit ist das, was man an der Uhr abliest."
~ Albert Einstein (Physiker)

„Die Jahre lehren viel, was die Tage nie wissen."
~ Ralph Waldo Emerson (Philosoph)

„Man soll die Feste feiern, wie sie fallen, denn die Zeit vergeht."
~ Theodor Fontane (Schriftsteller)

„Der einzige Grund für die Zeit ist, damit nicht alles auf einmal passiert."
~ *Albert Einstein (Physiker)*

„Man kann die Zeit nicht anhalten, aber man kann sie innehalten lassen."
~ *Tennessee Williams (Schriftsteller)*

„Das größte Geschenk, das du jemandem machen kannst, ist deine Zeit."
~ *Rick Warren (Autor)*

„Alles hat seine Zeit."
~ *Prediger Salomo (Bibel)*

„Die Zeit, sie ist ein sonderbares Ding."
~ *Hugo von Hofmannsthal (Dichter)*

„Die Zeit prüft die Freunde."
~ *Menander (Dramatiker)*

„Die Zeit ist ein Dieb, der uns den Frühling unseres Lebens raubt."
~ *Leo Tolstoi (Schriftsteller)*

„Man muss die Zeit nutzen, wie sie kommt."
~ *Ovid (Dichter)*

„Die Zeit vergeht, aber die Liebe bleibt."
~ *Dante Alighieri (Dichter)*

„Wer Zeit gewinnen will, muss sie verlieren können."
~ *Jean-Jacques Rousseau (Philosoph)*

„Nur wer sein Ziel kennt, findet den Weg."
~ *Laotse (Philosoph)*

„Nichts ist vergänglicher als die Zeit."
~ *Karl Gutzkow (Schriftsteller)*

„Die Zeit ist der beste Richter."
~ *Pindar (Dichter)*

„Zeit ist ein flüchtiger Augenblick zwischen zwei Ewigkeiten."
~ *Johann Paul (Schriftsteller)*

„Zeit hat mehr Wert als Geld. Du kannst mehr Geld bekommen,
aber nicht mehr Zeit."
~ Jim Rohn (Motivationsredner)

„Ein Leben ohne Freude ist wie eine weite Reise ohne Gasthaus."
~ Demokrit (Philosoph)

„Die Zeit bleibt nicht stehen, aber die Erinnerung hält sie fest."
~ Unbekannt (Volksweisheit)

„Die Zeit läuft wie Sand durch unsere Finger."
~ Friedrich Nietzsche (Philosoph)

„Das Leben ist kurz, die Kunst ist lang."
~ Hippokrates (Mediziner)

„Ein Augenblick der Geduld kann viel Leid verhindern."
~ Konfuzius (Philosoph)

„Mit der Zeit wird alles gut, aber manchmal auch schlecht."
~ Franz Kafka (Schriftsteller)

„Vergangenheit und Zukunft sind nur Formen der Gegenwart.“
~ *Hermann Hesse (Schriftsteller)*

„Jede Zeit ist eine Zeit des Übergangs.“
~ *Friedrich Schlegel (Philosoph)*

„Die Erinnerung ist das einzige Paradies, aus dem wir nicht vertrieben werden können.“
~ *Jean Paul (Schriftsteller)*

„Die Zeit heilt Wunden, aber sie ist kein Allheilmittel.“
~ *Georg Christoph Lichtenberg (Philosoph)*

„Es gibt nichts Mächtigeres als eine Idee, deren Zeit gekommen ist.“
~ *Victor Hugo (Schriftsteller)*

„Zeit ist der Stoff, aus dem das Leben gemacht ist.“
~ *Benjamin Franklin (Staatsmann)*

„Die wahre Lebenskunst besteht darin, im Alltag das Wunderbare zu sehen.“
~ *Pearl S. Buck (Schriftstellerin)*

„In der Ruhe liegt die Kraft."
~ *Konfuzius (Philosoph)*

„Verweile doch! Du bist so schön."
~ *Johann Wolfgang von Goethe (Dichter)*

„Zeit kann nicht besiegt werden, nur verstanden."
~ *Hannah Arendt (Philosophin)*

„Die Zeit ist wie ein Fluss: man kann nicht zweimal in denselben Strom steigen."
~ *Heraklit (Philosoph)*

„Warte nicht auf die richtige Zeit. Sie ist niemals richtig."
~ *Napoleon Hill (Autor)*

„Die Ewigkeit beginnt mit dem Jetzt."
~ *Meister Eckhart (Philosoph)*

„Das Leben gleicht einer Reise, Silvester einer Wegmarke."
~ *Charles Lamb (Schriftsteller)*

„Wer in der Zukunft leben will, darf die Gegenwart nicht verpassen.“
~ Søren Kierkegaard (Philosoph)

„Jedes Ende ist ein neuer Anfang.“
~ Lao-Tse (Philosoph)

„Die Zeit ist ein großes Meer; wir schwimmen in ihr und doch sinken wir.“
~ William Blake (Dichter)

„Die Vergangenheit ist der Schlüssel zur Gegenwart.“
~ Friedrich Rückert (Dichter)

„Die Ewigkeit ist der Augenblick ohne Vergänglichkeit.“
~ Friedrich Hölderlin (Dichter)

„Die besten Zeiten des Lebens sind kurz.“
~ Thomas Mann (Schriftsteller)

„Die Zeit vergeht, aber die Erinnerung bleibt.“
~ Georg Trakl (Dichter)

„Nutze die Zeit, denn sie ist begrenzt."
~ Horaz (Dichter)

„Zeit ist keine Währung, die man sparen kann."
~ Karl Lagerfeld (Designer)

„Die Zeit ist ein Kreis, den wir nie ganz verstehen."
~ Friedrich Nietzsche (Philosoph)

„Unsere Zeit ist das kostbarste, was wir haben."
~ Khalil Gibran (Dichter)

„Die Zeit steht still, wenn man sie liebt."
~ Henry Miller (Schriftsteller)

„Nichts währt ewig, außer die Veränderung."
~ Heraklit (Philosoph)

„Die Vergangenheit stirbt nie. Sie ist nicht einmal vergangen."
~ William Faulkner (Schriftsteller)

„Die Zeit ist ein Künstler, der alles formt."
~ *Wilhelm Raabe (Schriftsteller)*

„Zeit ist der Prüfstein der Wahrheit."
~ *Torquato Tasso (Dichter)*

„Alles fließt und nichts bleibt."
~ *Heraklit (Philosoph)*

„Die Uhr schlägt für jeden anders."
~ *E.M. Forster (Schriftsteller)*

„Zeit gibt der Seele Raum, zu wachsen."
~ *Maria von Ebner-Eschenbach (Schriftstellerin)*

„Mit der Zeit wird die Welt erträglich."
~ *Friedrich Hebbel (Dichter)*

„Die Vergangenheit ruht in uns."
~ *Marcel Proust (Schriftsteller)*

„Zeit ist die Leinwand der Ewigkeit."
~ *Rainer Maria Rilke (Dichter)*

„Jede Sekunde ist der Anfang eines Lebens."
~ *Johann Wolfgang von Goethe (Dichter)*

„Die Zeit ist wie ein Bleistift: sie wird kürzer, je mehr man sie nutzt."
~ *Mark Twain (Schriftsteller)*

„Die Zeit zeigt, was wichtig ist."
~ *Michel de Montaigne (Philosoph)*

„Die Zeit ist ein Rätsel, das jeder lösen will."
~ *Albert Schweitzer (Theologe)*

„Die Stille der Zeit ist eine Stimme."
~ *Antoine de Saint-Exupéry (Schriftsteller)*

„Zeit ist der große Gleichmacher."
~ *Charles Dickens (Schriftsteller)*

„Die Kunst lebt, die Zeit stirbt."
~ *Leonardo da Vinci (Universalgelehrter)*

„Zeit lässt uns wachsen, aber auch altern.“
~ *Pablo Neruda (Dichter)*

„Man kann die Zeit nicht besitzen, nur gestalten.“
~ *Rainer Maria Rilke (Dichter)*

„Jede Zeit bringt ihre Helden hervor.“
~ *Friedrich Schiller (Dichter)*

„Zeit heilt nicht alle Wunden, aber sie lehrt uns, damit zu leben.“
~ *Ernst Ferstl (Dichter)*

„Das Vergängliche ist die Brücke zum Ewigen.“
~ *Dietrich Bonhoeffer (Theologe)*

„Die Zeit ist ein Geheimnis, das wir nie lösen können.“
~ *Stefan Zweig (Schriftsteller)*

„Die Zeit ist eine Leiter, auf der wir hinaufsteigen, während sie hinter uns verschwindet.“
~ *Rainer Maria Rilke (Dichter)*

Motivation

Motivation – sie ist der unsichtbare Funke, der die mächtigsten Flammen entfacht. Sie ist die Kraft, die Menschen dazu bringt, Berge zu versetzen, gegen alle Widrigkeiten anzukämpfen und das Unmögliche möglich zu machen. Sie ist die Stimme in deinem Inneren, die flüstert, wenn die Welt um dich schreit, dass du scheitern wirst: „Steh auf. Noch einmal."

Ohne Motivation verblassen die kühnsten Träume, und die stärksten Herzen verlieren ihren Takt. Doch mit ihr werden gewöhnliche Menschen zu Helden, und aus dem Schatten der Zweifel entstehen Lichtstrahlen der Hoffnung. Motivation ist der Ursprung jeder Veränderung, der Anfang jeder Reise und die Brücke zwischen Vision und Realität.

Dies ist ein Aufruf, die Flamme in dir zu entfachen. Ein Aufruf, dich zu erheben, selbst wenn deine Knie zittern. Ein Aufruf, nicht nur zu träumen, sondern diese Träume in die Welt zu tragen – mit Mut, Entschlossenheit und dem unbändigen Willen, alles zu überstehen, was dich bremsen will.

Deine Reise beginnt jetzt. Stell dich dem Sturm. Und sei das Licht.

„Der Weg ist das Ziel.“
~ *Konfuzius (Philosoph)*

„Die beste Zeit, einen Baum zu pflanzen, war vor 20 Jahren.
Die zweitbeste Zeit ist jetzt.“
~ *Chinesisches Sprichwort*

„Erfolg ist die Summe richtiger Entscheidungen.“
~ *Albert Schweitzer (Theologe und Arzt)*

„Deine Zeit ist begrenzt, also verschwende sie nicht damit, das
Leben eines anderen zu leben.“
~ *Steve Jobs (Unternehmer)*

„Gib niemals auf, denn genau das ist der Moment, in dem sich das
Blatt wenden wird.“
~ *Harriet Beecher Stowe (Schriftstellerin)*

„Hindernisse und Schwierigkeiten sind Stufen, auf denen wir in die
Höhe steigen.“
~ *Friedrich Nietzsche (Philosoph)*

„Was immer du tun kannst oder träumst, es tun zu können, fang damit an.“
~ *Johann Wolfgang von Goethe (Schriftsteller)*

„Das Leben beginnt am Ende deiner Komfortzone.“
~ *Neale Donald Walsch (Autor)*

„Die Zukunft hängt davon ab, was wir heute tun.“
~ *Mahatma Gandhi (Friedensaktivist)*

„Ich kann, weil ich will, was ich muss.“
~ *Immanuel Kant (Philosoph)*

„Nur wer sein Ziel kennt, findet den Weg.“
~ *Laozi (Philosoph)*

„Mut steht am Anfang des Handelns, Glück am Ende.“
~ *Demokrit (Philosoph)*

„Der einzige Weg, großartige Arbeit zu leisten, ist zu lieben, was man tut.“
~ *Steve Jobs (Unternehmer)*

„Erfolg ist kein Zufall. Es ist harte Arbeit, Ausdauer und Lernen.“
~ Pelé (Fußballer)

„Träume nicht dein Leben, sondern lebe deinen Traum.“
~ Unbekannt (Volksweisheit)

„Es ist nicht wichtig, wie langsam du gehst, solange du nicht stehen bleibst.“
~ Konfuzius (Philosoph)

„Der größte Ruhm im Leben liegt nicht darin, nie zu fallen, sondern jedes Mal wieder aufzustehen.“
~ Nelson Mandela (Friedensnobelpreisträger)

„Es gibt keinen Aufzug zum Erfolg. Du musst die Treppe nehmen.“
~ Zig Ziglar (Motivationstrainer)

„Deine Einstellung bestimmt deine Richtung.“
~ Ralph Waldo Emerson (Philosoph)

„Jeder Fortschritt beginnt mit der Entscheidung, es zu versuchen.“
~ Unbekannt (Volksweisheit)

„Wer kämpft, kann verlieren. Wer nicht kämpft, hat schon verloren."
~ Bertolt Brecht (Schriftsteller)

„Mach heute so fantastisch, dass gestern neidisch wird."
~ Unbekannt (Volksweisheit)

„Die schwierigste Zeit in unserem Leben ist die beste Gelegenheit, innere Stärke zu entwickeln."
~ Dalai Lama (Geistliches Oberhaupt)

„Was du heute tust, entscheidet darüber, wie dein Morgen aussieht."
~ Unbekannt (Volksweisheit)

„Auch aus Steinen, die einem in den Weg gelegt werden, kann man Schönes bauen."
~ Johann Wolfgang von Goethe (Schriftsteller)

„Verändere deine Gedanken und du veränderst deine Welt."
~ Norman Vincent Peale (Autor)

„Am Ende wird alles gut. Und wenn es nicht gut ist, ist es nicht das Ende."
~ Oscar Wilde (Schriftsteller)

„Alles, was du dir vorstellen kannst, ist real."
~ *Pablo Picasso (Künstler)*

„Große Dinge werden nicht durch Impulse, sondern durch eine
Reihe von kleinen Dingen erreicht."
~ *Vincent van Gogh (Maler)*

„Die einzigen Grenzen, die wir haben, sind die, die wir uns selbst
setzen."
~ *Napoleon Hill (Autor)*

„Tue jeden Tag etwas, was dir Angst macht."
~ *Eleanor Roosevelt (First Lady und Aktivistin)*

„Eine Reise von tausend Meilen beginnt mit dem ersten Schritt."
~ *Laozi (Philosoph)*

„Gib nie etwas auf, an das du jeden Tag denken musst."
~ *Winston Churchill (Premierminister)*

„Wer etwas will, findet Wege. Wer etwas nicht will, findet Gründe."
~ *Albert Camus (Philosoph)*

„Es ist nicht die Stärke, die zählt, sondern die Ausdauer."
~ *Unbekannt (Volksweisheit)*

„Wenn du an dich glaubst, kannst du alles erreichen."
~ *Mariah Carey (Sängerin)*

„Es ist nie zu spät, das zu werden, was man hätte sein können."
~ *George Eliot (Schriftstellerin)*

„Der Erfolg hat viele Gesichter, aber der Ursprung ist immer der gleiche: harte Arbeit."
~ *Dwayne Johnson (Schauspieler)*

„Der einzige Weg, das Unmögliche zu erreichen, ist zu glauben, dass es möglich ist."
~ *Lewis Carroll (Schriftsteller)*

„Sei die Veränderung, die du in der Welt sehen möchtest."
~ *Mahatma Gandhi (Friedensaktivist)*

„Ein Ziel ohne Plan ist nur ein Wunsch."
~ *Antoine de Saint-Exupéry (Schriftsteller)*

„Kreativität ist Intelligenz, die Spaß hat.“
~ *Albert Einstein (Physiker)*

„Du bist stärker, als du glaubst, und mutiger, als du scheinst.“
~ *A.A. Milne (Schriftsteller)*

„Die einzige Grenze zu unserem Erfolg ist die Grenze unseres Glaubens.“
~ *Franklin D. Roosevelt (Präsident)*

„Um erfolgreich zu sein, musst du zuerst an dich selbst glauben.“
~ *Unbekannt (Volksweisheit)*

„Ziele sind Träume mit einer Deadline.“
~ *Napoleon Hill (Autor)*

„Der einzige Ort, an dem Erfolg vor Arbeit kommt, ist im Wörterbuch.“
~ *Vidal Sassoon (Friseur und Unternehmer)*

„Es gibt keine Abkürzungen zu einem Ort, den es sich zu erreichen lohnt.“
~ *Beverly Sills (Opernsängerin)*

„Nichts Großes wurde je ohne Begeisterung erreicht."
~ *Ralph Waldo Emerson (Philosoph)*

„Jeder neue Tag ist eine zweite Chance."
~ *Unbekannt (Volksweisheit)*

„Du kannst den Wind nicht ändern, aber die Segel neu setzen."
~ *Aristoteles (Philosoph)*

„Erfolg ist nicht das Ergebnis spontaner Verbrennung. Du musst dich selbst anzünden."
~ *Arnold H. Glasow (Autor)*

„Kleine Schritte führen zu großen Veränderungen."
~ *Unbekannt*

„Das Leben belohnt die Mutigen."
~ *Virgil (Dichter)*

„Glaube an Wunder, aber verlasse dich nicht darauf."
~ *Unbekannt*

„Dein Potenzial ist endlos.“
~ *Unbekannt (Volksweisheit)*

„Lerne aus der Vergangenheit, träume von der Zukunft, lebe in der Gegenwart.“
~ *Albert Einstein (Physiker)*

„Wenn du nicht für deine Träume kämpfst, kämpfen andere für ihre.“
~ *Unbekannt (Volksweisheit)*

„Das Geheimnis des Erfolgs liegt darin, den ersten Schritt zu tun.“
~ *Mark Twain (Schriftsteller)*

„Erfolg ist das, was passiert, wenn Vorbereitung auf Gelegenheit trifft.“
~ *Seneca (Philosoph)*

„Wenn du einen Traum hast, beschütze ihn. Lass dir von niemandem einreden, dass du es nicht schaffen kannst.“
~ *Chris Gardner (Unternehmer)*

„Sei du selbst die Veränderung, die du dir wünschst.“
~ *Mahatma Gandhi (Friedensaktivist)*

„Es ist niemals zu spät, neu anzufangen."
~ *Unbekannt (Volksweisheit)*

„Nur wer sein Ziel kennt, kann es auch erreichen."
~ *Unbekannt (Volksweisheit)*

„Erfolg ist kein Endziel, sondern ein Weg."
~ *Arthur Ashe (Tennisspieler)*

„Das Geheimnis, voranzukommen, ist anzufangen."
~ *Mark Twain (Schriftsteller)*

„Die größten Erfolge entstehen oft nach den größten Herausforderungen."
~ *Unbekannt (Volksweisheit)*

„Vertraue dir selbst und du wirst unaufhaltsam."
~ *Unbekannt (Volksweisheit)*

„Die einzige Konstante im Leben ist die Veränderung."
~ *Heraklit (Philosoph)*

„Die Zukunft gehört denen, die an die Schönheit ihrer Träume glauben."
~ *Eleanor Roosevelt (First Lady und Aktivistin)*

„Lass dich von der Angst vor dem Scheitern nicht davon abhalten, es zu versuchen."
~ *Unbekannt (Volksweisheit)*

„Alles, was du jemals wolltest, liegt auf der anderen Seite der Angst."
~ *George Addair (Autor)*

„Dein größter Feind ist deine eigene Zweifel."
~ *Unbekannt (Volksweisheit)*

„Es ist schwer, den Gipfel zu erreichen, aber die Aussicht ist es wert."
~ *Unbekannt (Volksweisheit)*

„Große Erfolge sind das Ergebnis harter Arbeit und großer Träume."
~ *Unbekannt (Volksweisheit)*

„Der Schlüssel zum Erfolg liegt in deiner Ausdauer."
~ *Unbekannt (Volksweisheit)*

„Mach es jetzt! Manchmal gibt es kein ‚später‘.“
~ *Unbekannt (Volksweisheit)*

„Jeder Champion war einmal ein Anfänger.“
~ *Muhammad Ali (Boxer)*

„Träume groß, arbeite hart, bleib demütig.“
~ *Unbekannt (Volksweisheit)*

„Glaube daran, dass du es kannst, und du bist schon auf halbem
Weg.“
~ *Theodore Roosevelt (Präsident)*

„Du bist stärker, als du denkst.“
~ *Unbekannt (Volksweisheit)*

„Einfach anfangen ist der erste Schritt zum Erfolg.“
~ *Unbekannt (Volksweisheit)*

„Sei mutig genug, deinen eigenen Weg zu gehen.“
~ *Unbekannt (Volksweisheit)*

„Man wächst mit den Herausforderungen, die man annimmt.“
~ *Unbekannt (Volksweisheit)*

„Erfolg ist eine Treppe, keine Tür.“
~ *Dottie Walters (Autorin)*

„Das Leben belohnt die, die nie aufgeben.“
~ *Unbekannt (Volksweisheit)*

„Harte Arbeit schlägt Talent, wenn Talent nicht hart arbeitet.“
~ *Kevin Durant (Basketballspieler)*

„Tu jeden Tag etwas, das dich deinen Träumen näher bringt.“
~ *Unbekannt (Volksweisheit)*

„Die einzige Grenze, die zählt, ist die in deinem Kopf.“
~ *Unbekannt (Volksweisheit)*

„Man kann alles erreichen, wenn man den Mut dazu hat.“
~ *Walt Disney (Unternehmer)*

„Träume groß, fange klein an, bleib dran.“
~ *Unbekannt (Volksweisheit)*

„Du bist die einzige Person, die dein Leben ändern kann.“
~ *Unbekannt (Volksweisheit)*

„Setz dir Ziele, die dich morgens aus dem Bett holen.“
~ *Unbekannt (Volksweisheit)*

„Nicht die Jahre in deinem Leben zählen, sondern das Leben in deinen Jahren.“
~ *Abraham Lincoln (Präsident)*

„Lebe jeden Tag, als ob dein Leben gerade erst begonnen hätte.“
~ *Johann Wolfgang von Goethe (Schriftsteller)*

„Nur wer wagt, gewinnt.“
~ *Friedrich Schiller (Dichter)*

„Scheitern ist nur ein Beweis, dass du es versucht hast.“
~ *Unbekannt (Volksweisheit)*

„Träume sind der Treibstoff für Erfolg.“
~ *Unbekannt (Volksweisheit)*

Träume und Visionen

Träume und Visionen – sie sind die unsichtbaren Fäden, die unser Leben zusammenhalten und ihm Bedeutung verleihen. Sie sind das Flüstern der Seele, das uns auffordert, größer zu denken, mutiger zu handeln und die Grenzen des Möglichen zu verschieben. Träume sind keine bloßen Illusionen, sondern die Keimzellen unserer Wirklichkeit. Sie inspirieren uns, auf unbekannten Wegen zu wandeln und nach Sternen zu greifen, die für andere unerreichbar scheinen.

Eine Vision ist mehr als ein Gedanke – sie ist die Brücke zwischen dem, was ist, und dem, was sein könnte. Visionen sind der Atem der Hoffnung, die das Unvorstellbare in greifbare Nähe rückt. Sie sind es, die uns antreiben, auch dann weiterzugehen, wenn der Weg steinig und das Ziel in weiter Ferne liegt.

Dieses Vorwort ist ein Aufruf an all jene, die träumen: Haltet an euren Visionen fest, selbst wenn die Welt euch belächelt. Träume sind nicht nur Zuflucht, sondern der Mut, die Wirklichkeit neu zu erschaffen. Denn wer wagt zu träumen, hat bereits den ersten Schritt getan, die Welt zu verändern.

Die Zeit gehört denen, die den Mut haben, zu träumen. Und die Zukunft – sie gehört dir.

„Die Zukunft gehört denen, die an die Schönheit ihrer Träume glauben."
~ *Eleanor Roosevelt (First Lady und Aktivistin)*

„Alles, was du dir vorstellen kannst, ist real."
~ *Pablo Picasso (Künstler)*

„Ein Traum, den du alleine träumst, ist nur ein Traum. Ein Traum, den wir gemeinsam träumen, ist Realität."
~ *Yoko Ono (Künstlerin)*

„Träume groß und wage es, zu scheitern."
~ *Norman Vaughan (Entdecker)*

„Halte dich an deine Träume, denn wenn Träume sterben, ist das Leben wie ein gebrochenes Flügelpaar, das nicht fliegen kann."
~ *Langston Hughes (Dichter)*

„Nur wer das Unmögliche träumt, wird das Mögliche erreichen."
~ *Miguel de Cervantes (Schriftsteller)*

„Die Zukunft hängt von dem ab, was wir heute tun."
~ *Mahatma Gandhi (Friedensaktivist)*

„Es braucht Mut, zu wachsen und zu dem zu werden, was du wirklich bist."
~ E.E. Cummings (Dichter)

„Ein Traum ist der erste Schritt auf dem Weg zur Verwirklichung."
~ Napoleon Hill (Autor)

„Unsere Träume können wir erst dann verwirklichen, wenn wir uns entscheiden, einmal daraus zu erwachen."
~ Josephine Baker (Tänzerin)

„Manche Menschen sehen die Dinge, wie sie sind, und fragen: Warum? Ich träume von Dingen, die es niemals gab, und frage: Warum nicht?"
~ George Bernard Shaw (Dramatiker)

„Die einzige Grenze für unsere Verwirklichung von morgen sind unsere Zweifel von heute."
~ Franklin D. Roosevelt (Präsident)

„Träume sind die Samen des Erfolgs."
~ Debasish Mridha (Autor)

„Folge deiner Leidenschaft. Sie wird dir den Weg zu deinen Träumen zeigen."
~ *Oprah Winfrey (Unternehmerin)*

„Die Träume von heute sind die Realitäten von morgen."
~ *Mahatma Gandhi (Friedensaktivist)*

„Wer keine Vision hat, vermag weder große Hoffnung zu erfüllen noch große Vorhaben zu verwirklichen."
~ *Thomas Woodrow Wilson (Präsident)*

„Träume sind keine Flucht. Sie sind die Einladung, die Welt zu gestalten."
~ *László Moholy-Nagy (Künstler)*

„Ein Traum gibt uns die Richtung, aber unser Mut bringt uns ans Ziel."
~ *Victor Hugo (Schriftsteller)*

„Das Leben schrumpft oder dehnt sich aus – proportional zu deinem Mut."
~ *Anaïs Nin (Schriftstellerin)*

„Du kannst nur das schaffen, was du dir vorstellen kannst."
~ *George Lucas (Filmemacher)*

„Das Leben ist zu kurz, um kleine Träume zu träumen."
~ *Benjamin Disraeli (Premierminister)*

„Die Vision ist die Kunst, das Unsichtbare zu sehen."
~ *Jonathan Swift (Schriftsteller)*

„Ein Mensch ist, was er den ganzen Tag denkt."
~ *Ralph Waldo Emerson (Philosoph)*

„Du bist nie zu alt, um dir ein neues Ziel zu setzen oder einen neuen Traum zu träumen."
~ *C.S. Lewis (Schriftsteller)*

„Große Dinge haben kleine Anfänge."
~ *T.E. Lawrence (Entdecker)*

„Träume sind die Sprache der Seele."
~ *Deepak Chopra (Autor)*

„Ein Traum ist nicht das, was du im Schlaf siehst. Es ist das, was dich wach hält."
~ *A.P.J. Abdul Kalam (Wissenschaftler)*

„Wenn du aufhörst, an deine Träume zu glauben, hörst du auf zu leben."
~ Malcolm Forbes (Unternehmer)

„Nur wer wagt, zu weit zu gehen, kann herausfinden, wie weit man gehen kann."
~ T.S. Eliot (Dichter)

„Träume sind der Beginn von etwas Großem."
~ Albert Einstein (Physiker)

„Verwirkliche deine Träume, sonst tut es jemand anderes."
~ Tim Ferriss (Autor)

„Die Träume eines Menschen erzählen mehr über ihn als seine Worte."
~ Carl Gustav Jung (Psychologe)

„Man kann alles erreichen, was man sich vorstellen kann."
~ Walt Disney (Unternehmer)

„Folge dem Ruf deiner Vision, auch wenn die Welt lacht."
~ Friedrich Nietzsche (Philosoph)

„Träume müssen gelebt werden, bevor sie sterben."
~ *Theodore Roosevelt (Präsident)*

„Das Einzige, was zwischen dir und deinem Traum steht, ist die Geschichte, die du dir erzählst, warum du ihn nicht erreichen kannst."
~ *Jordan Belfort (Motivationstrainer)*

„Erfolg beginnt mit einem Traum."
~ *Zig Ziglar (Motivationstrainer)*

„Ein Traum ist eine Realität, die nur darauf wartet, entdeckt zu werden."
~ *Stephen Richards (Autor)*

„Ein Mann ist nicht alt, bis seine Reue die Träume übersteigt."
~ *John Barrymore (Schauspieler)*

„Die Zukunft wird von denen geschaffen, die an die Schönheit ihrer Visionen glauben."
~ *Eleanor Roosevelt (First Lady und Aktivistin)*

„Große Visionen brauchen Zeit, um Wirklichkeit zu werden."
~ *Nelson Mandela (Friedensnobelpreisträger)*

„Ein Traum ist ein Wunsch, den dein Herz macht."
~ *Walt Disney (Unternehmer)*

„Visionäre sind die Architekten der Zukunft."
~ *Peter Drucker (Ökonom)*

„Ein Traum ist die Brücke zwischen heute und morgen."
~ *Khalil Gibran (Dichter)*

„Das Geheimnis des Erfolgs liegt darin, deinen Träumen treu zu bleiben."
~ *Paulo Coelho (Autor)*

„Wenn du an etwas glaubst, wird es Wirklichkeit."
~ *Tony Robbins (Motivationstrainer)*

„Vision ohne Aktion bleibt ein Traum. Aktion ohne Vision bleibt ein Zeitvertreib."
~ *Joel Barker (Zukunftsforscher)*

„Mut ist der Preis, den das Leben verlangt, um Frieden mit deinen Träumen zu schließen."
~ *Amelia Earhart (Pilotin)*

„Träume sind das, was die Welt antreibt."
~ *Sarah Ban Breathnach (Autorin)*

„Ohne eine Vision gibt es keine Hoffnung."
~ *George Washington Carver (Agrarwissenschaftler)*

„Du wirst nie wissen, wie weit du gehen kannst, wenn du es nicht versuchst."
~ *Richard Branson (Unternehmer)*

„Jeder große Erfolg begann einst als ein Traum."
~ *Ralph Waldo Emerson (Philosoph)*

„Das einzige Limit ist deine Vorstellungskraft."
~ *Napoleon Hill (Autor)*

„Wenn du einen Traum hast, beschütze ihn."
~ *Chris Gardner (Unternehmer)*

„Ein Traum ist die Skizze, aus der du die Meisterwerke deines Lebens baust."
~ *Michelangelo (Künstler)*

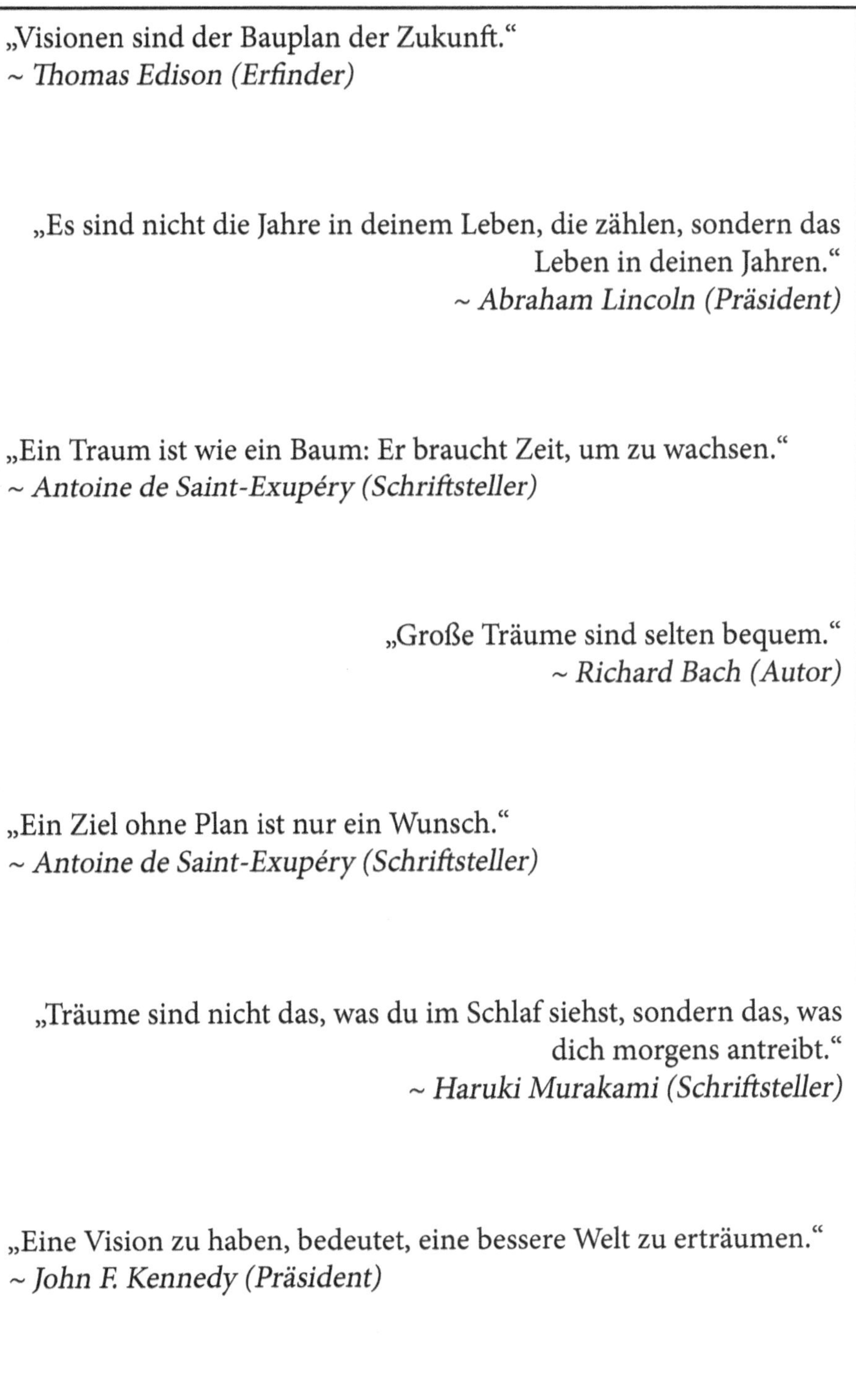

„Visionen sind der Bauplan der Zukunft.“
~ *Thomas Edison (Erfinder)*

„Es sind nicht die Jahre in deinem Leben, die zählen, sondern das Leben in deinen Jahren.“
~ *Abraham Lincoln (Präsident)*

„Ein Traum ist wie ein Baum: Er braucht Zeit, um zu wachsen.“
~ *Antoine de Saint-Exupéry (Schriftsteller)*

„Große Träume sind selten bequem.“
~ *Richard Bach (Autor)*

„Ein Ziel ohne Plan ist nur ein Wunsch.“
~ *Antoine de Saint-Exupéry (Schriftsteller)*

„Träume sind nicht das, was du im Schlaf siehst, sondern das, was dich morgens antreibt.“
~ *Haruki Murakami (Schriftsteller)*

„Eine Vision zu haben, bedeutet, eine bessere Welt zu erträumen.“
~ *John F. Kennedy (Präsident)*

„Deine Träume sind der Samen, aus dem du die Zukunft wachsen lässt."
~ *Zig Ziglar (Motivationstrainer)*

„Die Kraft, einen Traum zu verwirklichen, liegt in dir."
~ *Ralph Waldo Emerson (Philosoph)*

„Erfolg ist die Umsetzung von Visionen."
~ *Johann Wolfgang von Goethe (Dichter)*

„Visionäre schaffen das, wovon andere nicht einmal zu träumen wagen."
~ *Nikos Kazantzakis (Schriftsteller)*

„Träume sind keine Zuflucht, sondern eine Chance, zu wachsen."
~ *James Cameron (Filmemacher)*

„Unsere Träume sind das Fenster in unsere Seele."
~ *Henry David Thoreau (Philosoph)*

„Große Dinge beginnen mit einer klaren Vision und dem Mut, sie zu verfolgen."
~ *Walt Disney (Unternehmer)*

„Träume verwirklichen sich nicht von selbst – du bist ihr Architekt."
~ Ayn Rand (Schriftstellerin)

„Nur die, die träumen, werden fliegen."
~ Peter Pan (J.M. Barrie, Schriftsteller)

„Träume geben uns die Flügel, um über uns hinauszuwachsen."
~ Les Brown (Motivationstrainer)

„Eine Vision ohne Leidenschaft bleibt nur eine Idee."
~ Simon Sinek (Autor)

„Die großen Visionen von heute sind die Realitäten von morgen."
~ Franklin D. Roosevelt (Präsident)

„Gib nie einen Traum auf, nur weil seine Erfüllung Zeit braucht."
~ Earl Nightingale (Motivationstrainer)

„Unsere Träume sind der Motor des Lebens."
~ Albert Einstein (Physiker)

„Es gibt nichts Mächtigeres als eine Idee, deren Zeit gekommen ist.“
~ *Victor Hugo (Schriftsteller)*

„Die einzige Art, große Träume zu leben, ist, mit ihnen anzufangen.“
~ *Mark Twain (Schriftsteller)*

„Habe den Mut, deinen Träumen zu folgen, auch wenn die Welt es nicht versteht.“
~ *Steve Jobs (Unternehmer)*

„Visionäre sehen das Licht, bevor andere den Tunnel erkennen.“
~ *Nelson Mandela (Friedensnobelpreisträger)*

„Ein Traum ohne Taten ist ein verlorener Traum.“
~ *Jim Rohn (Motivationstrainer)*

„Träume groß, aber handle entschlossen.“
~ *Jack Canfield (Autor)*

„Träume sind der Anfang von allem, was zählt.“
~ *George Bernard Shaw (Dramatiker)*

„Erfüllte Träume sind die Belohnung für Mut und Ausdauer."
~ *Paulo Coelho (Autor)*

„Es braucht Visionen, um eine bessere Welt zu schaffen."
~ *Desmond Tutu (Friedensnobelpreisträger)*

„Träume sind der Stoff, aus dem die Zukunft gemacht ist."
~ *Eleanor Roosevelt (First Lady und Aktivistin)*

„Deine Träume definieren dich, nicht deine Ängste."
~ *Roy T. Bennett (Autor)*

„Visionen sind der Anfang jeder Veränderung."
~ *Leonardo da Vinci (Künstler)*

„Große Träume sind nicht dazu da, klein gedacht zu werden."
~ *Michael Jordan (Basketballspieler)*

„Nur wer träumt, findet neue Wege."
~ *Martin Luther King Jr. (Friedensnobelpreisträger)*

„Vertraue deinen Träumen, sie kennen den Weg."
~ *Khalil Gibran (Dichter)*

„Ein Traum, den du mit Leidenschaft verfolgst, wird zu deinem Lebenswerk."
~ *Oprah Winfrey (Unternehmerin)*

„Träume sind der erste Schritt in Richtung Veränderung."
~ *Barack Obama (Präsident)*

„Dein Traum definiert deine Möglichkeiten."
~ *Napoleon Hill (Autor)*

„Visionen machen uns unsterblich."
~ *Albert Schweitzer (Philosoph)*

„Wer aufhört, zu träumen, hat aufgehört zu leben."
~ *Malcolm Forbes (Unternehmer)*

„Deine Träume sind die Landkarte deiner Seele."
~ *Rumi (Dichter)*

„Nur der Traum gibt uns den Mut, Grenzen zu verschieben."
~ *T.S. Eliot (Dichter)*

Freiheit und Selbstbestimmung

Freiheit und Selbstbestimmung – zwei Worte, die wie ein Versprechen klingen, wie ein Ruf aus der Tiefe unserer Seele. Sie sind der Kern dessen, was uns Menschen ausmacht. Ohne Freiheit ist unser Leben ein Gefängnis, ohne Selbstbestimmung sind wir bloße Schatten auf einer Bühne, gelenkt von fremden Händen. Doch diese Ideale sind keine Geschenke. Sie sind Errungenschaften, die wir mit Mut, Willenskraft und einem unbeugsamen Geist verteidigen müssen.

Freiheit ist mehr als das Fehlen von Ketten. Sie ist die Möglichkeit, über sich hinauszuwachsen, seinen eigenen Weg zu wählen, auch wenn er steinig ist, auch wenn er einsam ist. Sie ist der Mut, den Stimmen zu folgen, die in uns flüstern: „Sei du selbst."

Selbstbestimmung ist die Rebellion des Individuums gegen die Tyrannei des Schicksals. Sie ist der Akt, das Steuer des eigenen Lebens zu übernehmen, selbst wenn der Sturm tobt. Es ist die Entscheidung, nicht länger ein Spielball der Umstände zu sein, sondern der Schöpfer der eigenen Wirklichkeit.

Dieses Vorwort ist ein Bekenntnis zu der Kraft, die in jedem von uns schlummert. Mögen die Gedanken, die hier folgen, dich inspirieren, dich ermutigen und dir zeigen, dass Freiheit und Selbstbestimmung keine unerreichbaren Ideale sind, sondern das Herz eines erfüllten Lebens. Denn wer seinen Weg kennt und den Mut hat, ihn zu gehen, ist wahrhaft frei.

„Freiheit bedeutet Verantwortlichkeit. Das ist der Grund, warum die meisten Menschen sich vor ihr fürchten."
~ *George Bernard Shaw (Dramatiker)*

„Niemand ist freier als derjenige, der die Kontrolle über sich selbst hat."
~ *Epiktet (Philosoph)*

„Freiheit ist immer die Freiheit des Andersdenkenden."
~ *Rosa Luxemburg (Revolutionärin)*

„Wer die Freiheit aufgibt, um Sicherheit zu gewinnen, wird am Ende beides verlieren."
~ *Benjamin Franklin (Politiker und Wissenschaftler)*

„Der Mensch ist frei geboren, und überall liegt er in Ketten."
~ *Jean-Jacques Rousseau (Philosoph)*

„Freiheit ist die Möglichkeit, das zu tun, was man will, und nicht das, was man tun muss."
~ *Jean-Paul Sartre (Philosoph)*

„Der größte Feind der Freiheit ist ein glückliches Gefängnis."
~ *Aldous Huxley (Schriftsteller)*

„Niemand kann dir Freiheit geben. Niemand kann dir Gleichheit oder Gerechtigkeit geben. Wenn du ein Mann bist, nimm sie dir.“
~ Malcolm X (Bürgerrechtler)

„Freiheit ist das Recht, anderen zu sagen, was sie nicht hören wollen.“
~ George Orwell (Schriftsteller)

„Die Freiheit besteht darin, dass man alles tun kann, was einem anderen nicht schadet.“
~ Immanuel Kant (Philosoph)

„Freiheit bedeutet, dass man nicht unbedingt alles so machen muss wie andere Menschen.“
~ Astrid Lindgren (Schriftstellerin)

„Man kann niemandem die Freiheit geben. Freiheit ist etwas, das man sich nimmt.“
~ James Baldwin (Schriftsteller)

„Freiheit ist die Basis jeder Würde des Menschen.“
~ Karl Marx (Philosoph)

„Selbstbestimmung ist die höchste Form der Freiheit.“
~ Dalai Lama (Religionsführer)

„Freiheit heißt, mutig genug zu sein, du selbst zu sein."
~ *Edward Estlin Cummings (Dichter)*

„Die Freiheit eines jeden endet dort, wo die Freiheit des anderen beginnt."
~ *John Stuart Mill (Philosoph)*

„Ohne Freiheit gibt es keine Kreativität."
~ *Albert Camus (Philosoph und Schriftsteller)*

„Die größte Freiheit ist, nichts mehr beweisen zu müssen."
~ *Erich Fromm (Psychoanalytiker)*

„Die Kunst ist ein Ausdruck der Freiheit."
~ *Friedrich Schiller (Dichter)*

„Niemand ist frei, der nicht Herr über sich selbst ist."
~ *Pythagoras (Philosoph)*

„Freiheit ist nichts anderes als die Chance, besser zu werden."
~ *Albert Camus (Philosoph)*

„Freiheit wird niemals freiwillig von den Unterdrückern gegeben, sie muss von den Unterdrückten eingefordert werden.“
~ *Martin Luther King Jr. (Bürgerrechtler)*

„Freiheit ist der Atem der Seele.“
~ *Moshe Dayan (Politiker)*

„Ohne Freiheit gibt es keine wahre Liebe.“
~ *Søren Kierkegaard (Philosoph)*

„Freiheit ist die Mutter, nicht die Tochter der Ordnung.“
~ *Pierre-Joseph Proudhon (Philosoph)*

„Die Freiheit, die man sich nimmt, macht uns zu dem, was wir sind.“
~ *Simone de Beauvoir (Philosophin)*

„Die wahre Freiheit ist die Freiheit des Geistes.“
~ *Baruch Spinoza (Philosoph)*

„Nur wer sich selbst beherrscht, ist wahrhaft frei.“
~ *Michel de Montaigne (Philosoph)*

„Das Geheimnis der Freiheit ist der Mut."
~ *Perikles (Staatsmann)*

„Die Freiheit kann nur bestehen, wenn jeder bereit ist, sie zu verteidigen."
~ *John F. Kennedy (Präsident)*

„Freiheit ist ein Recht, das alle Verantwortung mit sich bringt."
~ *Mahatma Gandhi (Friedensaktivist)*

„Freiheit bedeutet, wählen zu können – auch das Falsche."
~ *Paulo Coelho (Autor)*

„Die Freiheit, zu denken, ist die einzige Freiheit, die wir besitzen."
~ *Voltaire (Philosoph)*

„Freiheit heißt, das Leben so zu gestalten, wie es deinem Wesen entspricht."
~ *Henry David Thoreau (Philosoph)*

„Freiheit und Glück sind untrennbar verbunden."
~ *John Stuart Mill (Philosoph)*

„Die Freiheit eines Volkes zeigt sich in der Stärke seiner Individuen."
~ *Friedrich Nietzsche (Philosoph)*

„Das einzige Mittel, Freiheit zu erlangen, ist Bildung."
~ *Thomas Jefferson (Präsident)*

„Ohne Freiheit kann es keine Gerechtigkeit geben."
~ *Desmond Tutu (Friedensnobelpreisträger)*

„Freiheit bedeutet, selbst entscheiden zu können, wer man sein möchte."
~ *Virginia Woolf (Schriftstellerin)*

„Die Freiheit, anders zu denken, ist die Freiheit, wirklich zu denken."
~ *Oscar Wilde (Schriftsteller)*

„Freiheit ist, wenn der Mensch seine Ängste überwindet."
~ *Nelson Mandela (Friedensnobelpreisträger)*

„Die Freiheit ist nicht gegeben, sie wird errungen."
~ *Thomas Paine (Revolutionär)*

„Die Freiheit, die ich suche, liegt in mir selbst."
~ *Hermann Hesse (Schriftsteller)*

„Wahre Freiheit beginnt mit der Selbstakzeptanz."
~ *Eckhart Tolle (Autor)*

„Freiheit ist nicht das Recht, alles zu tun, sondern das Recht, das Richtige zu tun."
~ *Lyndon B. Johnson (Präsident)*

„Ohne Selbstbestimmung gibt es keine wahre Freiheit."
~ *Simone Weil (Philosophin)*

„Freiheit ist das höchste Gut des Menschen."
~ *Seneca (Philosoph)*

„Niemand kann dir deine Freiheit nehmen, solange du sie in deinem Geist bewahrst."
~ *Viktor Frankl (Psychologe)*

„Der höchste Genuss der Freiheit ist die eigene Unabhängigkeit."
~ *Friedrich Schiller (Dichter)*

„Die Freiheit liegt im Tun, nicht im Besitzen.“
~ *Johann Wolfgang von Goethe (Dichter)*

„Freiheit ist die Macht, Nein zu sagen.“
~ *Albert Camus (Philosoph)*

„Die Freiheit beginnt dort, wo die Angst endet.“
~ *Friedrich Schiller (Dichter)*

„Freiheit ist nicht die Abwesenheit von Verpflichtungen, sondern die Fähigkeit, das Richtige zu wählen.“
~ *Paulo Coelho (Autor)*

„Nur in der Freiheit kann der Mensch seine wahre Größe entfalten.“
~ *Johann Gottlieb Fichte (Philosoph)*

„Die Freiheit der Fantasie ist kein Fluchtweg, sondern die Grundlage der Kreativität.“
~ *André Breton (Schriftsteller)*

„Niemand kann dich beherrschen, wenn du dir selbst gehörst.“
~ *Epiktet (Philosoph)*

„Freiheit ist, wenn du nicht das tun musst, was du nicht willst."
~ *Jean-Jacques Rousseau (Philosoph)*

„Die Freiheit des Menschen ist begrenzt durch die Freiheit des anderen."
~ *Karl Popper (Philosoph)*

„Freiheit ist, wenn du in den Spiegel siehst und keine Maske trägst."
~ *Paulo Coelho (Autor)*

„Freiheit heißt, seine eigenen Entscheidungen zu treffen, auch wenn sie falsch sind."
~ *Johann Wolfgang von Goethe (Dichter)*

„Die größte Freiheit ist die Freiheit, so zu sein, wie man wirklich ist."
~ *Jim Morrison (Musiker)*

„Freiheit bedeutet, sich selbst treu zu bleiben."
~ *Søren Kierkegaard (Philosoph)*

„Die Freiheit der Wahl ist die Wurzel aller Verantwortung."
~ *Dietrich Bonhoeffer (Theologe)*

„Freiheit erfordert Mut – den Mut, selbst zu denken und zu handeln."
~ Bertrand Russell (Philosoph)

„Die Freiheit ist nichts wert, wenn sie nicht die Freiheit zu irren beinhaltet."
~ Mahatma Gandhi (Friedensaktivist)

„Freiheit ist der Raum, den das Herz zum Atmen braucht."
~ Pearl S. Buck (Schriftstellerin)

„Die Freiheit eines Einzelnen ist untrennbar mit der Freiheit aller verbunden."
~ Vaclav Havel (Dramatiker und Politiker)

„Freiheit ist die erste Voraussetzung des Glücks."
~ Maxim Gorki (Schriftsteller)

„Nur wer sich selbst erkennt, kann wirklich frei sein."
~ Arthur Schopenhauer (Philosoph)

„Freiheit ist ein Zustand des Geistes, nicht der Umstände."
~ Wayne Dyer (Autor)

„Die wahre Freiheit liegt in der inneren Unabhängigkeit."
~ *Khalil Gibran (Dichter)*

„Ohne Selbstdisziplin ist wahre Freiheit unmöglich."
~ *Aristoteles (Philosoph)*

„Freiheit ist die Fähigkeit, zu tun, was nötig ist, ohne gezwungen zu werden."
~ *Abraham Lincoln (Präsident)*

„Selbstbestimmung ist die höchste Form der Freiheit."
~ *Immanuel Kant (Philosoph)*

„Die Freiheit eines Menschen wird durch die Stärke seines Willens definiert."
~ *Friedrich Nietzsche (Philosoph)*

„Der einzige Weg zur Freiheit ist durch die Wahrheit."
~ *Nelson Mandela (Friedensnobelpreisträger)*

„Freiheit ist, die eigenen Ketten zu brechen."
~ *Franz Kafka (Schriftsteller)*

„Die Freiheit ist das Herz der Demokratie.“
~ *Franklin D. Roosevelt (Präsident)*

„Wahre Freiheit ist ein Leben ohne Angst.“
~ *John Lennon (Musiker)*

„Die Freiheit eines Volkes beginnt bei der Bildung seiner Kinder.“
~ *Thomas Jefferson (Präsident)*

„Freiheit ist, das eigene Leben zu gestalten, ohne sich zu verbiegen.“
~ *Virginia Woolf (Schriftstellerin)*

„Freiheit heißt nicht, keine Regeln zu haben, sondern die richtigen zu wählen.“
~ *Albert Einstein (Physiker)*

„Die größte Freiheit liegt in der Akzeptanz des Lebens, wie es ist.“
~ *Eckhart Tolle (Autor)*

„Freiheit ist die Kunst, mit sich selbst im Einklang zu leben.“
~ *Hermann Hesse (Schriftsteller)*

„Wahre Freiheit bedeutet, das Leben ohne Maske zu leben."
~ *Oscar Wilde (Schriftsteller)*

„Die Freiheit des Geistes ist die Grundlage allen Fortschritts."
~ *Baruch Spinoza (Philosoph)*

„Freiheit ist ein Geschenk, das wir uns selbst machen müssen."
~ *Ralph Waldo Emerson (Philosoph)*

„Es gibt keine Freiheit ohne Gerechtigkeit."
~ *Albert Schweitzer (Philosoph)*

„Die Freiheit liegt in der Wahl zwischen Liebe und Angst."
~ *Deepak Chopra (Autor)*

„Freiheit ist das Recht, das Beste aus dir zu machen."
~ *Abraham Maslow (Psychologe)*

„Freiheit ist die Kraft, deine eigene Zukunft zu erschaffen."
~ *Stephen R. Covey (Autor)*

„Freiheit ist die Frucht des Kampfes für Gerechtigkeit."

„Die wahre Freiheit beginnt dort, wo die Lüge endet."
~ *Dietrich Bonhoeffer (Theologe)*

„Nur wer bereit ist, alles zu verlieren, ist wirklich frei."
~ *Haruki Murakami (Schriftsteller)*

„Freiheit ist ein Ziel, das wir nie aufgeben dürfen."
~ *Václav Havel (Dramatiker und Politiker)*

„Die Freiheit des Denkens ist der größte Schatz der Menschheit."
~ *Voltaire (Philosoph)*

„Wahre Freiheit ist, sich selbst zu vergeben."
~ *Maya Angelou (Schriftstellerin)*

„Die Freiheit liegt nicht in der Flucht, sondern in der Annahme."
~ *Marcel Proust (Schriftsteller)*

„Ohne die Freiheit, Fehler zu machen, gibt es keinen Fortschritt."
~ *Mahatma Gandhi (Friedensaktivist)*

„Freiheit ist, wenn die Seele tanzen kann."
~ *Friedrich Rückert (Dichter)*

Schlusswort

Du hast eine Reise durch die tiefsten Facetten des Lebens unternommen. Von der Kraft der Freiheit und Selbstbestimmung über die Träume und Visionen, die uns antreiben, bis hin zur Motivation, die uns durch Herausforderungen führt. Du hast über die kostbare Zeit und ihre Vergänglichkeit nachgedacht, über die unerschütterliche Bedeutung von Freundschaft, die Dualität von Erfolg und Scheitern, und schließlich über die unendliche Tiefe der Liebe.

Jedes Thema, jedes Zitat und jeder Gedanke in diesem Buch hat einen kleinen Funken in sich getragen – einen Funken, der in deinem Herzen leuchten sollte. Denn die Worte waren nicht bloß zur Inspiration gedacht, sondern als Wegweiser, als Erinnerung daran, dass du der Schöpfer deiner eigenen Geschichte bist.

Das Leben ist eine Balance aus Höhen und Tiefen, aus Träumen und Herausforderungen, aus Verbindungen und Einsamkeit. Doch in jedem Moment hast du die Macht, es bewusst zu gestalten, deine Träume zu verfolgen, die richtigen Menschen zu schätzen und aus jedem Schritt – ob Erfolg oder Scheitern – zu lernen.

Ich danke dir, dass du diese Seiten mit deinem Geist und deinem Herzen durchwandert hast. Mögen die Worte, die du gelesen hast, in dir weiterleben, dich ermutigen und dir immer wieder zeigen, dass du selbst die größte Kraft bist, die dein Leben voranbringt. Die Reise endet hier nicht – sie beginnt. Mit jedem neuen Tag. Mit jedem neuen Traum. Mit dir.